El Verbo Hecho Poema

Volumen I

Yeyi Core

2011 Yeyi Core

Número de Control de la Biblioteca del Congreso:		2011922211
El Verbo Hecho Poema		
ISBN:	Tapa Dura	978-1-6176-4638-6
	Tapa Blanda	978-1-6176-4636-2
	Libro Electrónico	978-1-6176-4637-9

Todas las citas bíblicas tomadas de la Biblia de Estudio Plenitud.
Versión de Casidoro de Reina, (1569); revisada por Cipriano de
Valera, (1602). Revisión de 1960 con referencias.

Impreso en los Estados Unidos de América

www.yeyicore.com

Para ordenar copias adicionales de este libro, contactar:
Palibrio
1-877-407-5847
www.Palibrio.com
ordenes@palibrio.com
338602

"El Espíritu Santo se deja sentir a través de estas páginas. Es imposible hablar de todos los poemas de Yeyi, pero quiero hablar de _Mi Deleite_. _Nací para adorarte. Hablar contigo; gloria darte. En tu presencia estoy en casa. Con gozo; tu Espíritu me abraza. Intimar contigo es mi deleite. Llorar, clamar, gemir; oler tu aceite. Sellas. Bendices. Unges. Provees. Precioso óleo; la maldad repeles._

Cuando leí este poema se incrustó en mi corazón con tanta fuerza que tuve que detenerme para adorar al Señor Jesucristo. Tengo la certeza que cada uno de estos ungidos poemas será de bendición para tu vida. Yo recomiendo la lectura de _El Verbo Hecho Poema_".

Apóstol y Autor José M. Dómenech - Bayamón, Puerto Rico

"Como pastor considero que _El Verbo Hecho Poema_ es la inspiración que el Espíritu Santo le ha otorgado a Yeyi para poder explicar y expresar el amor, la majestad y el sacrificio de nuestro Señor Jesucristo de una manera sencilla y fácil de comprender para cualquier lector. El mensaje de Dios se hace manifiesto a través de estos poemas. Cada línea presenta una refrescante iluminación de la palabra de Dios para la vida de todo ser humano".

Pastor Ronald Cárdenas - Germantown, Maryland USA

"Doy gracias a Dios por la oportunidad de leer _El Verbo Hecho Poema_. Sin duda este libro será de bendición a quien lo lea. La inspiración del Espíritu Santo se hizo manifiesta en cada uno de estos poemas que, en mi opinión, son vivencias de la palabra de Dios, para continuar su obra de salvación y edificación. Al concluir la lectura, los siguientes versos del libro de Job resonaron en mi alma _¡Quién diese ahora que mis palabras fuesen escritas! ¡Quién diese que se escribiesen en un libro; Que con cincel de hierro y con plomo fuesen esculpidas en piedra para siempre! Yo sé que mi Redentor vive, Y al fin se levantará sobre el polvo. (Job 19:23-25)"_. ¡Que Dios te bendiga!

Pastor Miguel A. Rivera - Santo Domingo, República Dominicana

"_El Verbo Hecho Poema_ es muestra del hermoso talento que Dios le ha regalado a Yeyi Core. Estoy seguro que este libro bendecirá a miles de almas. Pido al Señor que a través de su Espíritu Santo la siga iluminando para que continúe escribiendo expresiones que regocijan el corazón de Dios y ayudan a saciar la sed de sus hijos, como dice el Salmo 42:1 _Como el ciervo brama por las corrientes de aguas, así clama por ti, oh Dios, el alma mía_".

José G. Cruz - Manassas, Virginia USA

Al Anciano de Días

Índice

Jesús le dijo: Yo soy el camino, y la verdad, y la vida; nadie viene al Padre, sino por mí.
(Juan 14:6)

Haya, pues, en vosotros este sentir que hubo también en Cristo Jesús, el cual, siendo en forma de Dios, no estimó el ser igual a Dios como cosa a que aferrarse, sino que se despojó a sí mismo, tomando forma de siervo, hecho semejante a los hombres; y estando en la condición de hombre, se humilló a sí mismo, haciéndose obediente hasta la muerte, y muerte de cruz. **(Filipenses 2:5-8)**

Lo Mejor

Lluvia sobre la yerba; inconfundible aroma.
Golondrinas melodiosas los aires adornan.
Galante arcoíris. Celestial trasfondo.
Nace un hijo. Su sonrisa; primeros pasos.
Amigos, hermanos, éxitos; reconocimientos.
Escasez no puede ser hallada.
Negativo el ansiado resultado de la prueba del virus.
...Y pensamos... pensamos que todo lo tenemos.
Que todo lo sabemos; que todo merecemos.
¡Bendecidos! nos llaman. Y agradecemos a Dios.
¡Que privilegio! Nada nos falta.
Pensamos haber ya visto suficiente.
¡Ha de ser la cima¡ Razonamos.
Idealizamos un Sagarmatha; propio. Nepal personal.
Equivocados. ¡Sácanos del error, Señor!
Mucho antes de tu memoria.
Antes que comenzaras a contar tiempo.
Cuando aún lo que conoces de ti no era.
Mientras formaba los cielos, allí estaba yo.
Ordenándolo todo; su delicia de día en día.
Entonces... me desprendí. Por ti me hice camino.
Y te di lo mejor que te pude dar. Me di.

*Confía en Jehová, y haz el bien; y habitarás en la tierra, y te apacentarás de la verdad. Deléitate asimismo en Jehová, y Él te concederá las peticiones de tu corazón. Encomienda a Jehová tu camino, y confía en Él; y Él hará. **(Salmo 37:3-5)***

*Sus caminos son caminos deleitosos, y todas sus veredas paz. **(Proverbios 3:17)***

Mi Deleite

Nací para adorarte,
Hablar contigo; gloria darte.
En tu presencia estoy en casa.
Con gozo; tu Espíritu, me abraza.

Intimar contigo es mi deleite.
Llorar, clamar, gemir; oler tu aceite.
Sellas. Bendices. Unges. Provees.
Precioso óleo; la maldad repeles.

Necesitarte siempre quiero,
Como flor su polinizador.
Aún en la obscuridad más densa,
Tu nombre invoco y la bruma se dispersa.

Pues así ha dicho Jehová de los Ejércitos: Meditad bien sobre vuestros caminos. Sembráis mucho, y recogéis poco; coméis, y no os saciáis; bebéis, y no quedáis satisfechos; os vestís, y no os calentáis; y el que trabaja a jornal recibe su jornal en saco roto. Así ha dicho Jehová de los Ejércitos: Meditad sobre vuestros caminos. Subid al monte, y traed madera, y reedificad la casa; y pondré en ella mi voluntad, y seré glorificado, ha dicho Jehová. (Hageo 1:5-8)

En el último y gran día de la fiesta, Jesús se puso en pie y alzó la voz, diciendo: Si alguno tiene sed, venga a mí y beba. El que cree en mí, como dice la Escritura, de su interior correrán ríos de agua viva. (Juan 7:37-38)

Extraño Me Eras

Satisfacción, ¿Dónde estás?
Que te busco y no te encuentro.
Dicen haberte visto sin rumbo vagar.
Ha de ser que andas con gozo;
A quien tampoco conozco.

En desespero; con ansias;
Pasivo; activo.
En sueños; desvelos; de día o de noche.
Te he buscado aquí y allá
Y contigo no coincido.

¿Serás real? ¿Leyenda? ¿Cuento? ¿Serás mito?
Sin conocerte sabía
Que mi suerte era hallarte.
Más fuerte que mi conciencia,
Mi afán por descubrirte.

Inolvidable el día
Que mis escamas quitaste;
Me tocaste; me salvaste.
Con ríos de agua viva
Mi alma purificaste.

Ahora que te encontré
Todo me hace sentido.
Nací para alabarte; amarte; anhelarte.
Vivir sin ti, no podría.
Yo sin ti, me moriría.

Hizo la luna para los tiempos; el sol conoce su ocaso. Pones las tinieblas, y es la noche; En ella corretean todas las bestias de la selva. Los leoncillos rugen tras la presa, y para buscar de Dios su comida. Sale el sol, se recogen, y se echan en sus cuevas. Sale el hombre a su labor, y a su labranza hasta la tarde. ¡Cuán innumerables son tus obras, oh Jehová! Hiciste todas ellas con sabiduría; la tierra está llena de tus beneficios. **(Salmo 104:19-24)**

Y Pilato, queriendo satisfacer al pueblo, les soltó a Barrabás, y entregó a Jesús, después de azotarle, para que fuese crucificado. **(Marcos 15:15)**

Brillo Aparente

Candente día; tenebroso atardecer.
Universo confundido; sombrío.
Árboles vociferan emitiendo viento frío.
Montes enlutados; de negro su atavío.

El sol ensimismado su creador contempla.
No entiendo tus heridas; perplejo manifiesta.
Mientras airado y triste sólo estallar quisiera.
Su rostro deformado; incandescente hoguera.

Señor, ¿Por qué permites te azoten sin piedad?
Siendo Tú Dios Eterno; el único adorado.
¡Gran Yo Soy! ¡El Excelso!
¡El Amén; Inmolado!

¿Por qué no te conocen? ¿Por qué te vituperan?
¿Por qué el gobernador la justicia te negó;
Y el sumo sacerdote al ladrón prefirió?
Si hasta el polvo de la tierra obedece a mi Señor.

Estoy distante; lejos; ausente de comprensión.
Más lo que atestiguo no tiene explicación.
¿No son esos los pensantes; analistas; compasivos?
¿Los supuestos a emularte, si a tu imagen los creaste?

Impulsado bajaría; a todos derretiría.
Pero en obediencia quedo, esperando el continuar
De tu plan que sonará hasta todos los confines.
Ni adelantas ni te tardas; sin error lo cumplirás.

Antes que naciesen los montes y formases la tierra y el mundo, desde el siglo y hasta el siglo, tú eres Dios. **(Salmo 90:2)**

Porque los ojos del Señor están sobre los justos, y sus oídos atentos a sus oraciones; pero el rostro del Señor está contra aquellos que hacen el mal. **(1ra Pedro 3:12)**

Entonces

¿Crees que Jesús es el Cristo; el Hijo de Dios?
¿Crees que Él, el Padre, y el Espíritu Santo
Conforman la perfecta trinidad?
¿Que son la Deidad?
¿Que existen en el eterno presente; pasado y futuro
En perfecto estado de unidad?

Pregunto...
¿Aceptas que es Dios el creador
De lo invisible y lo visible, en ese orden?
¿Que la nada es su materia prima;
La cual a su voz o aliento
Toma forma, propósito y acción?

Pregunto...
¿Le hablas? Aunque sin haberlo visto...
¿Confías que te escucha?
Más importante aún, ¿Confías que te responderá?
Si es así, entonces, ¿Por qué dudas?
¿Por qué cuando estás en apuros piensas que te abandonó?

Y justificas el correr de Él
En lugar de avanzar hacia Él.
No dudes más.
Jesucristo es real.
¡Él es la verdad; la vida misma!
Créele en todo y espera en Él.

*Él arranca los montes con su furor, y no saben quién los trastornó; Él remueve la tierra de su lugar, y hace temblar sus columnas; Él manda al sol, y no sale, y sella las estrellas; Él solo extendió los cielos, y anda sobre las olas del mar; Él hizo la Osa, el Orión y las Pléyades, y los lugares secretos del sur; Él hace cosas grandes e incomprensibles, y maravillosas, sin número. **(Job 9:5-10)***

*Él edificó en el cielo sus cámaras, y ha establecido su expansión sobre la tierra; Él llama las aguas del mar, y sobre la faz de la tierra las derrama; Jehová es su nombre. **(Amós 9:6)***

Si Atentos

Alba... Despierta que mi turno ya termina.
Muy pronto haré el anuncio.
Tu comienzo se avecina.
Prontamente se verá el claro del día.

Aguas... Vamos. Hora es de regarnos.
Para esa gran obra nos recogió en su mano.
La sed venenosa necesita ser saciada
Y el hambre de la tierra también amamantada.

Lumbrera... Ve, prudente. Visita el occidente.
Presta; sin retraso; rostro lleno, preséntate.
Hermosa; imponente; regálate a sus ojos.
Nivela toda fuente con tu luz resplandeciente.

Mares espumosos; cielo, vientos...
Pregonar sobre sus alas es mi cabalgar.
Anunciar que son eternas mis visitas y loores.
Cantar que mi fragancia es desde antes que las flores.

Hijos... Soy Yo. Enseñen que Yo Soy.
Muestren mi camino; mi palabra fiel.
No permitan me encasillen en doctrinas divisorias.
Si por todos di mi vida y con sangre los compré.

Ángel... Sé siempre con ellos doquiera que van.
En mi nombre los envío a cumplir la encomienda
De llevar mi mensaje a todo lugar.
Nunca estarán solos, pues su sombra es mi señal.

Él está sentado sobre el círculo de la tierra, cuyos moradores son como langostas; Él extiende los cielos como una cortina, los despliega como una tienda para morar. Él convierte en nada a los poderosos, y a los que gobiernan la tierra hace como cosa vana. (Isaías 40:22-23)

Pues si por la transgresión de uno solo reinó la muerte, mucho más reinarán en vida por uno solo, Jesucristo, los que reciben la abundancia de la gracia y del don de la justicia. Así que, como por la transgresión de uno vino la condenación a todos los hombres, de la misma manera por la justicia de uno vino a todos los hombres la justificación de vida. (Romanos 5:17-18)

Salvaje Animal

Malvada rebeldía. Frustrado comenzar.
Fieras secuestradas; ajenas; cerreras.
Desorden como norma. Engaño emancipado.
Conciencia mentirosa y corazón atado.

Alivio no vislumbran; salvajes sin remedio.
Perdidas en su selva; no añoran; no sueñan.
Dominio sobre el lomo. Esperanza está ausente.
Sin conocer futuro; cautivas del presente.

El cielo vio agonía. Sin otra solución.
Sus entrañas abrió; sus cortinas corrió.
En medio del asombro de huestes sigilosas,
El Rey dejó su trono y presto descendió.

Hora de alzar cabezas; de eliminar la brecha.
Llegó el libertador mostrando el horizonte.
El reino transparente al que serán mudadas;
Y por su nuevo amo, también civilizadas.

Tuya es, oh Jehová, la magnificencia y el poder, la gloria, la victoria y el honor; porque todas las cosas que están en los cielos y en la tierra son tuyas. Tuyo, oh Jehová, es el reino, y tú eres excelso sobre todos. **(1ra Crónicas 29:11)**

Y a aquel que es poderoso para guardaros sin caída, y presentaros sin mancha delante de su gloria con gran alegría, al único y sabio Dios, nuestro Salvador, sea gloria y majestad, imperio y potencia, ahora y por todos los siglos. Amén. **(Judas 24-25)**

Majestad

A tu Señor das honra.
No serías conocida.
En Él tienes valor;
Propósito no tendrías.
Sentido, intención;
En Él tienes razón.
¿A quién venerarías?
¿A quién exaltarías?
¿A quién sino a Él
Tu gloria coronaría?

No ignoras su esplendor;
Poder; sabiduría.
No puedes ni mirarle.
Tu rostro indigno es.
Sin dudar ni titubear,
A Él sólo te inclinas.
Agachada en el suelo,
Esperas la señal.
De no ser su pureza,
Opaca quedarías.

¡Majestad, Oh, Majestad!
Extraña hubieras sido.
Ennoblecerle sabes
Y darle adoración
Al digno de alabanza,
Canción, loor,
Renuevo, León.
El Verbo Hecho Carne.
Cordero Deseado;
El Cristo Redentor.

*De la mano del Seol los redimiré, los libraré de la muerte. Oh muerte, yo seré tu muerte; y seré tu destrucción, oh Seol; la compasión será escondida de mi vista. **(Oseas 13:14)***

*Y a vosotros, estando muertos en pecados y en la incircuncisión de vuestra carne, os dio vida juntamente con Él, perdonándoos todos los pecados, anulando el acta de los decretos que había contra nosotros, que nos era contraria, quitándola de en medio y clavándola en la cruz, y despojando a los principados y a las potestades, los exhibió públicamente, triunfando sobre ellos en la cruz. **(Colosenses 2:13-15)***

Muerte de la Muerte

Enseñoreada vivía.
No dormía ni temía.
Recorriendo sin anuncio
Como quien todo lo puede.
Sigilosa. Incansable.
Para muchos, invencible.

Disfrutando fascinada
El temor que ve en su presa.
Sorpresiva se aparece.
Se hace dueña y ejecuta
Torturando al que no es libre.
Terminándole su tiempo;
Le secuestra el aliento.

Hay un pueblo escogido
Al que no asustan sus tretas.
Saben en quien han creído,
De la biblia han aprendido.
Tú le heriste el calcañar;
Él a ti, en la cabeza.

Bien lo dijo el Rey Salomón.
Que todo tiene su tiempo.
Brevemente celebraste.
Su aparente defunción.
Ignorando que en tres días
Nula el acta quedaría.

Y llegó el que es más fuerte.
Al que antes te inclinabas.
Con hermosas melodías,
En el arpa dedicabas.
Voz cumplida de Oseas.
Muerte, yo seré tu muerte.

Pero yo os digo la verdad: Os conviene que yo me vaya; porque si no me fuera, el Consolador no vendría a vosotros; mas si me fuere, os lo enviaré. Y cuando él venga, convencerá al mundo de pecado, de justicia y de juicio. De pecado, por cuanto no creen en mí; de justicia, por cuanto voy al Padre, y no me veréis más; y de juicio, por cuanto el príncipe de este mundo ha sido ya juzgado. (Juan 16:7-11)

Aún tengo muchas cosas que deciros, pero ahora no las podéis sobrellevar. Pero cuando venga el Espíritu de verdad, Él os guiará a toda la verdad; porque no hablará por su propia cuenta, sino que hablará todo lo que oyere, y os hará saber las cosas que habrán de venir. Él me glorificará; porque tomará de lo mío, y os lo hará saber. (Juan 16:12-14)

Simple de Comprender

Con la mente como base;
El corazón la medida.
Las emociones dictando;
Incomprensible sería.

Perfilar el horizonte;
Ordenanza a la tormenta.
Direccionar a los vientos;
Incomprensible sería.

Recibir en el silencio;
Conversar sin voz audible.
Conocer los pensamientos;
Incomprensible sería.

Observar al invisible;
Confesar que está presente.
Más inmenso que infinito;
Incomprensible sería.

Ni Aristóteles ni Gandhi;
Filósofos persuasivos.
Propulsores de tendencias;
Incomprensible sería.

Ni Oprah o el Dalai Lama;
Por ricos, notorios sean,
Al Cordero se comparan;
Incomprensible sería.

Si son estos el motivo;
Mentores, maestros, guías.
Si su fama es el diagrama;
Incomprensible sería.

Si te sirven de maqueta;
Modelo soñado o molde.
Si su altura haces tu tope;
Incomprensible sería.

Dependientes de la ciencia;
Del tiempo, espacio y materia.
Conformados a la carne;
Incomprensible sería.

Entender que somos hijos
Del Dios Todopoderoso
Quien por amor su vida dio;
Incomprensible sería.

Mas si sólo se escuchara
Del espíritu callado.
Su pregonar se oiría;
Todo comprensible sería.

Porque tú formaste mis entrañas; tú me hiciste en el vientre de mi madre. Te alabaré; porque formidables, maravillosas son tus obras; estoy maravillado, y mi alma lo sabe muy bien. No fue encubierto de ti mi cuerpo, bien que en oculto fui formado, y entretejido en lo más profundo de la tierra. Mi embrión vieron tus ojos, y en tu libro estaban escritas todas aquellas cosas que fueron luego formadas sin faltar una de ellas. **(Salmo 139:13-16)**

En ti he sido sustentado desde el vientre; de las entrañas de mi madre tú fuiste el que me sacó; de ti será siempre mi alabanza. **(Salmo 71:6)**

Poder Desoxirribonucleico

Misterio inescrutable
Que curiosamente no es.
¿Podría ser un enigma
Lo que nunca fue encubierto?
Si cual bella obra revela
Atributos de su artista.
El virtuoso incomparable;
Más sublime que apacible.

Sin embargo fue insondable
Hasta hace corto tiempo.
Ingeniosos confundidos.
Muchos siglos enredados
Por su perfección aguda
Y más complejo funcionar.
No encontraban como armar
De instrucciones el manual.

Si se hubieran referido
Al más sabio de los libros.
Muy temprano hubieran visto
Que no hay para sorprenderse.
Pues su autor quiso ante todos,
Sin reservas descubrirse
Y la célula que es suya,
Con su firma autenticar.

Perplejos según descifran
Prodigiosa maravilla.
Van tejiendo teorías
Que satisfagan sus egos
Y concuerden con la diosa
De su ciencia que es bastarda.
Cualquier cosa consideran
Menos a Dios darle gloria.

Explicar el ensamblaje
Que envuelve todo linaje
Está fuera de su alcance;
Se les tornó en imposible.
Frustrados todos tratando,
Quedan sin alternativa.
Usurpándole el derecho
Al creador del "ADN".

Me formaste las entrañas
En el vientre de mi madre.
Tu genética me diste,
Santa rúbrica estampaste.
Embrión visto por tus ojos.
Los rasgos que me asignaste;
Que luego se formarían
Y ninguno faltaría.

Entonces Jesús, deteniéndose, mandó llamarle; y llamaron al ciego, diciéndole: Ten confianza; levántate, te llama. Él entonces, arrojando su capa, se levantó y vino a Jesús. Respondiendo Jesús, le dijo: ¿Qué quieres que te haga? Y el ciego le dijo: Maestro, que recobre la vista. Y Jesús le dijo: Vete, tu fe te ha salvado. Y en seguida recobró la vista, y seguía a Jesús en el camino. **(Marcos 10:49-52)**

Respondió Jesús y le dijo: Cualquiera que bebiere de esta agua, volverá a tener sed; mas el que bebiere del agua que yo le daré, no tendrá sed jamás; sino que el agua que yo le daré será en él una fuente de agua que salte para vida eterna. **(Juan 4:13-14)**

Jesús le dijo: Hoy ha venido la salvación a esta casa; por cuanto él también es hijo de Abraham. Porque el Hijo del Hombre vino a buscar y a salvar lo que se había perdido. **(Lucas 19:9-10)**

Necesario Me Era

Al este del Jordán, un ciego en el camino.
Negándose al cansancio. Alerta; esperando.
Los ojos en tiniebla, opacar no podían,
Su vista iluminada; la que le sostenía.
Confiaba que el milagro un día se daría.

Reputación dudosa la de aquella mujer.
Por todos criticada; por muchos abusada.
Con cántaro en las manos, al pozo arribó.
Sin saber que en instantes su vida cambiaría.
El menos esperado, allí la encontraría.

El colector de impuestos; escasa su estatura.
Para ver sin ser visto se valió de su ingenio.
Curioso; dispuesto. Creyendo y no creyendo.
Con ágil movimiento al sicómoro subió.
Deseando su intelecto quedara convencido.

Ferviente su clamor; voz a todo pulmón.
Bartimeo el ciego. Valiente; en vilo.
Hijo de David. Ten misericordia de mí.
Milagro aguardado; milagro recibido.
Necesario me era pasar por Jericó.

El agua que hoy sacas, la sed no quitará.
Mas si de mí bebieren, no tendrán sed jamás.
Serán los que me adoren en espíritu y verdad.
A la dama del pozo me vine a revelar.
Necesario me era por Samaria pasar.

Desciende ya Zaqueo, no queda mucho tiempo.
La salvación bendita ha llegado a tu casa.
Aquellos que murmuran, atrás se quedarán.
Lo que se había perdido, eso vine a buscar.
Necesario me era posar hoy en tu hogar.

No me trajiste a mí los animales de tus holocaustos, ni a mí me honraste con tus sacrificios; no te hice servir con ofrenda, ni te hice fatigar con incienso. No compraste para mí caña aromática por dinero, ni me saciaste con la grosura de tus sacrificios, sino pusiste sobre mí la carga de tus pecados, me fatigaste con tus maldades. Yo, yo soy el que borro tus rebeliones por amor de mí mismo, y no me acordaré de tus pecados. (Isaías 43:23-25)

Mas Él herido fue por nuestras rebeliones, molido por nuestros pecados; el castigo de nuestra paz fue sobre Él, y por su llaga fuimos nosotros curados. Todos nosotros nos descarriamos como ovejas, cada cual se apartó por su camino; mas Jehová cargó en Él el pecado de todos nosotros. Angustiado Él, y afligido, no abrió su boca; como cordero fue llevado al matadero; y como oveja delante de sus trasquiladores, enmudeció, y no abrió su boca. (Isaías 53:5-7)

Mayor Dolor

Perversas rebeliones. Desfallecido aliento.
Desasosiego hiriente. Gentío denunciante.
Humillación abierta como sal en la herida.
Atropello rampante. La turba alborotada.
Miradas con desprecio disfrutaban zozobra.
Padecimiento extremo; sufrir acelerado.
Malvado como el odio; por amor soportado.
Me despojé de gloria. Me humillé hasta lo sumo.
Por mostrarte el camino; cancelar tu condena.
Ansiando desposarte, pagué dote más alta.

Escupido. Desnudado. Coronado con espinos.
Queriendo eternamente nuestra unión consumar.
Cual borrego inmolado, sin piedad yo fui clavado.
Mientras mi ser bajaba del madero hacia la tierra.
¿Quitármela? ¿Quién podría? Ninguno aunque quisiera.
Voluntario; yo la puse, para luego retomarla.
Compromiso sellado, de afuera parecía.
La vía dolorosa atrás había quedado.
Muy pronto y lamentable se dio sustitución.
Cuando un mayor dolor mi esencia lastimó.

Mi Amada deseada a ti te digo hoy:
¡Cuánto me duele tu condición!
Todo ya se ha cumplido.
En nada te he fallado.
Y en vez de esperarme,
Te empeñas en faltarme.
Contiendas, celos, idolatría,
Chisme, traición, envidia.
¿Por qué has escogido
Ignorar mis mandatos?

Profanas mi santuario;
Lugar para adorarme.
Con tretas de creados,
Por mi gloria compites.
El Gran Consolador,
Aquel de quien te dije
Que irme te convendría;
Paciente, aguarda.
Que honren su presencia
Y le den su lugar.

¿Por qué? ¿Qué mal te he hecho?
¿En qué te he traicionado?
Si todo lo que hice,
Lo hice por amarte.
Quité el decreto amargo
Que en tu contra había.
Te completé tus faltas;
Te demostré mi amor.
Te ofrezco vida eterna,
Y aún así me niegas.
Aunque ya te lo he dicho;
Lo vuelvo a repetir.
Te anhelo como novio
Ansía a su amada.
Deseo tus caminos
Puedas a mí tornar.
He aquí vengo muy pronto,
Trayendo galardón
Para los que me honran,
De todo corazón.

*No temas, porque yo estoy contigo; no desmayes, porque yo soy tu Dios que te esfuerzo; siempre te ayudaré, siempre te sustentaré con la diestra de mi justicia. **(Isaías 41:10)***

*Ahora, así dice Jehová, Creador tuyo, oh Jacob, y Formador tuyo, oh Israel: No temas, porque yo te redimí; te puse nombre, mío eres tú. Cuando pases por las aguas, yo estaré contigo; y si por los ríos, no te anegarán. Cuando pases por el fuego, no te quemarás, ni la llama arderá en ti. Porque yo Jehová, Dios tuyo, el Santo de Israel, soy tu Salvador; a Egipto he dado por tu rescate, a Etiopía y a Seba por ti. **(Isaías 43:1-3)***

No Temas

Sombríos anocheceres;
Tortuosos amaneceres.
Desolado; frío espacio
Como témpano de hielo.
Anunciando otro día,
Pregonando que respiro.
Con pesar abro los ojos.
Mis sentidos se resienten.
Se despierta el inconsciente
Insistiendo que es mi culpa,
Que todos se hayan marchado
Y hasta Dios me haya dejado.

Mi vista elevar quisiera
Más allá de toda nube,
Pero párpados de acero
Me dominan fácilmente.
Ni resisto ni contiendo.
Sueños parecen perdidos.
En sombras sobre lo obscuro
Duele menos que tratar.
Ahogándome en la condena
No me interesa luchar.
De la nada me suspendo
Antes de echarme al vacío.

Ternura desconocida.
Mis oídos escucharon
Mi nombre ser pronunciado.
Voz de silbo; voz de trueno.
Me tendió su mano y dijo
Acércate a mi costado.
¿No te he dicho que si crees,
Mi gloria voy a mostrarte?
Soy yo el que te corona,
De favores te engalano.
Mi gracia maravillosa
Te levanta y te restaura.

Yo soy el que permanece
Cuando los demás se han ido.
En el valle o en la cima,
Sabes siempre te he cumplido.
Nunca voy a abandonarte,
Tal lo dice mi palabra.
Mas probarte es necesario,
Como al oro refinarte.
Con esfuerzo, sé valiente,
Permanece en mi camino.
No temas, yo estoy contigo.
Mi justicia te sustenta.

Dios, Dios mío eres tú; de madrugada te buscaré; mi alma tiene sed de ti, mi carne te anhela, en tierra seca y árida donde no hay aguas, para ver tu poder y tu gloria, así como te he mirado en el santuario. Porque mejor es tu misericordia que la vida; mis labios te alabarán. Así te bendeciré en mi vida; en tu nombre alzaré mis manos. **(Salmo 63:1-4)**

Anhela mi alma y aun ardientemente desea los atrios de Jehová; mi corazón y mi carne cantan al Dios vivo. Aún el gorrión halla casa, y la golondrina nido para sí, donde ponga sus polluelos, cerca de tus altares, oh Jehová de los Ejércitos, Rey mío, y Dios mío. **(Salmo 84:2-3)**

Ardiente Anhelo

Hostil mundo anfitrión.
Carcelero empedernido.
Como dijo Malaquías;
Pareciera los impíos,
Prosperan más que los hijos.

Huyen los apercibidos,
Rechazando sus encantos.
Combatiendo con ahínco
Toda gama de corrientes;
Todo dardo envenenado.

Sus rodillas laceradas,
Más gastadas que sus manos.
Día y noche van clamando
Por la ciudad prometida;
Sion, la patria verdadera.

¡Oh, si rompieras los cielos!
¡Si tu presencia fundiera
Como fuego abrasador!
¡Si a tu especial tesoro
Encontraras en el aire!

Los montes se escurrieran;
Las aguas todas hirvieran.
¡Si a tus señas y prodigios
Toda nación temblase!
¡Oh, si rompieras los cielos!

Ardiente es el anhelo
De morar ya en tu reposo;
Toda lágrima enjugada.
Entonando Aleluya,
Shadai, Elohim, Adonai.

Entonces Jehová Dios formó al hombre del polvo de la tierra, y sopló en su nariz aliento de vida, y fue el hombre un ser viviente. **(Génesis 2:7)**

Porque así dijo el Alto y Sublime, el que habita en eternidad, y cuyo nombre es El Santo: Yo habito en la altura y la santidad, y con el quebrantado y humilde de espíritu, para hacer vivir el espíritu de los humildes, y para vivificar el corazón de los quebrantados. **(Isaías 57:15)**

Muestra Asombrosa

Como una gota de sangre
O universo inescrutable.
Dios más grande es que la vida.
Insondable en sus caminos;
Poderoso cual ninguno.

El creó el mayor diseño;
También el menor detalle.
Llama los astros por nombre
E ingenió que la ballena
De plancton se nutriera.

Don antes, ahora y futuro,
Buenos para marcar tiempos.
Pero son sólo conceptos,
Pues no sirven la Deidad
Que habita la eternidad.

Más grandioso aún resulta
Que el Excelso; Admirable,
Sobre toda complacencia,
En su trono un lugar dio
A quien del polvo formó.

Entonces una mujer de la ciudad, que era pecadora, al saber que Jesús estaba a la mesa en casa del fariseo, trajo un frasco de alabastro con perfume; y estando detrás de Él a sus pies, llorando, comenzó a regar con lágrimas sus pies, y los enjugaba con sus cabellos; y besaba sus pies, y los ungía con el perfume. Cuando vio esto el fariseo que le había convidado, dijo para sí: Éste, si fuera profeta, conocería quién y qué clase de mujer es la que le toca, que es pecadora. (Lucas 7:37-39)

Y vuelto a la mujer, dijo a Simón: ¿Ves esta mujer? Entré en tu casa, y no me diste agua para mis pies; mas ésta ha regado mis pies con lágrimas, y los ha enjugado con sus cabellos. No me diste beso; mas ésta, desde que entré, no ha cesado de besar mis pies. No ungiste mi cabeza con aceite; mas ésta ha ungido con perfume mis pies. Por lo cual te digo que sus muchos pecados le son perdonados, porque amó mucho; mas aquel a quien se le perdona poco, poco ama. (Lucas 7:44-47)

La Más Valiosa Fragancia

De contemplarlo sabía
Que no era un pomo cualquiera.
Aún cuando no comprendía
La magnitud de su precio.
Me resultaba muy obvio
Su distintivo exclusivo.
Digno de un rey o una reina,
Por lo que yo no intuía.

Era el objeto más caro
Que en mi poder yo tenía.
Tantas veces pensé abrirlo
Para obsequiarme su aroma.
Como si lo mereciera,
Oler su ostentosa esencia.
Pero el temor me invadía.
¿Gastarla? Nunca podría.

Había aceptado el estigma
De una cualquiera juzgada.
Nada valía, decían.
Y herida; yo lo creía.
Pero algo yo poseía;
Que los demás no tenían.
La más valiosa fragancia,
Daba sentido a mi vida.

Tan grande fue su importancia,
Que vino a ser mi amuleto.
En mi atrevida ignorancia,
Magia le atribuía.
Valor me daba; pensaba.
Mi soledad mitigaba.
La desdicha aliviaba.
Eso creí hasta un día...

...Un día en que conocí
Al más ilustre Raboni.
¡Con tal ternura me habló!
Según yo estaba, me amó;
Toda condenación quitó.
Postrada a sus pies le canto.
Santo es tres veces el Cristo
De mi frasco de alabastro.

Privilegio inmerecido.
¿Ungir yo al que da unción?
Al creador del universo;
El que comanda los mares;
Cabalga sobre los vientos.
Es de Él que los cielos cuentan;
Majestad; poder; grandeza.
El que cubrió mi vergüenza.

Para otros, una cualquiera;
Para El Señor; la Señora.
¡Oh! Incontenible me era
Estar en pie en su presencia.
Sólo llorar yo podía;
Sólo adorarle quería.
Nardo sobre Él derramé
Y mi corazón le entregué.

Cabalgó sobre un querubín, y voló; voló sobre las alas del viento. Puso tinieblas por su escondedero, por cortina suya alrededor de sí; oscuridad de aguas, nubes de los cielos. Por el resplandor de su presencia, sus nubes pasaron; granizo y carbones ardientes. Tronó en los cielos Jehová, y el Altísimo dio su voz; granizo y carbones de fuego. (Salmo 18-10-13)

He aquí, no se adormecerá ni dormirá el que guarda a Israel. Jehová es tu guardador; Jehová es tu sombra a tu mano derecha. El sol no te fatigará de día, ni la luna de noche. Jehová te guardará de todo mal; Él guardará tu alma. Jehová guardará tu salida y tu entrada desde ahora y para siempre. (Salmo 121:4-8)

Tu Presencia Es

En el silbo apacible
O en el rugir del tronar.
Agitando las mareas;
Provocándolas a espuma.
En el silente rocío mañanero
O en la violenta tempestad;
Ahí Tú estás. Ahí Tú estás.

Sobre las alas del viento,
Cabalgando; ahí Tú estás.
Donde el mar y el cielo hablan;
Y en la distancia se funden.
En la sombra que a la diestra,
Día y noche, me acompaña;
Ahí Señor. Ahí Tú estás.

Te invoco Señor; Aquí Tú estás.
Te adoro mi Dios; Aquí Tú estás.
Cuando me postro; Aquí Tú estás.
Y cuando oro; aquí Tú estás.
Cordero y León; aquí Tú estás.
Admirable Consejero; Aquí Tú estás.
Simplemente... Tu Presencia; Es.

Voz que clama en el desierto: Preparad camino a Jehová; enderezad calzada en la soledad a nuestro Dios. Todo valle sea alzado, y bájese todo monte y collado; y lo torcido se enderece, y lo áspero se allane. Y se manifestará la gloria de Jehová, y toda carne juntamente la verá; porque la boca de Jehová ha hablado. (Isaías 40:3-5)

Este es aquel de quien yo dije: Después de mí viene un varón, el cual es antes de mí; porque era primero que yo. Y yo no le conocía; mas para que fuese manifestado a Israel, por esto vine yo bautizando con agua. También dio Juan testimonio, diciendo: Vi al Espíritu que descendía del cielo como paloma, y permaneció sobre Él. Y yo no le conocía; pero el que me envió a bautizar con agua, aquél me dijo: Sobre quien veas descender el Espíritu y que permanece sobre él, ése es el que bautiza con el Espíritu Santo. (Juan 1:30-33)

Voz que Clama

En un lugar inventado;
Aunque similar a éste.
Muchas cosas parecidas,
Pero tanto diferentes.
Los egos neutralizados;
Púlpitos no prostituidos.
Proclamaban La Palabra
Sin quitarle o añadirle.

Incólumes emisarios,
Fieles al que los llamó.
No engordando sus bolsillos
Ni su orgullo; Ni a su yo.
No le cambian al mensaje;
A pesar de las presiones.
No ceden ante bribones
O cónclaves de gobierno.

¡Si en verdad fuera irreal!
Saldos de una pesadilla;
Retazos alucinantes.
Si esos que servirle dicen,
Resistieran; combatieran.
Si sólo al Amén honraran;
Si fuera el cielo su meta,
No la tierra corrompida.

¡Voz que clama en el desierto!
Enderezad el camino.
El que viene después de mí;
Es también antes de mí;
Porque era primero que yo.
Indigno soy de soltarle
La correa de su calzado.
Mi gozo ya está cumplido.

Vi el Espíritu descender;
Y sobre Él permanecer.
Mi alimento saltón y miel.
Piel de camello me cubre.
Que mis discípulos copien
Y que esta voz se propague:
Es necesario que Él crezca,
Mas yo; su enviado, mengüe.

*Porque cuando Dios hizo la promesa a Abraham, no pudiendo jurar por otro mayor, juró por sí mismo, diciendo: De cierto te bendeciré con abundancia y te multiplicaré grandemente. Y habiendo esperado con paciencia, alcanzó la promesa. **(Hebreos 6: 13-15)***

*Porque los hombres ciertamente juran por uno mayor que ellos, y para ellos el fin de toda controversia es el juramento para confirmación. Por lo cual, queriendo Dios mostrar más abundantemente a los herederos de la promesa la inmutabilidad de su consejo, interpuso juramento. **(Hebreos 6: 16-17)***

Mentirosa Soledad

Desértico alrededor.
Estridentes alaridos.
Dardos malos, torturantes,
Que masacran el aprecio
Hasta por lo más querido.
Son las voces penetrantes
Del que no tiene esperanza.
Ecos diantres que entorpecen,
Matan, roban y destruyen.

Pero El Logos no se inmuta.
Señor que fue, es y será.
Verdadero. Fiel. Eterno.
Hacedor de la justicia
Como cetro de su reino.
Habiendo no mayor nombre,
Juró por el suyo mismo.
Los que creen y no duden,
Gozarán lo prometido.

*Y tú, Salomón, hijo mío, reconoce al Dios de tu padre, y sírvele con corazón perfecto y con ánimo voluntario; porque Jehová escudriña los corazones de todos, y entiende todo intento de los pensamientos. **(1ra Crónicas 28:9a)***

*Con Dios está la sabiduría y el poder; suyo es el consejo y la inteligencia. **(Job 12:13)***

El Intento del Pensamiento

Sabiduría le oxigena.
Cuando inhala, escudriña;
Exhala conocimiento.
Respira discernimiento
Y todo le es manifiesto.

Es precisamente todo
La palabra que Él consuma.
Poderoso, Omnisciente.
Ni uno instruirle puede;
Guiarle o aconsejarle.

Limitado es mi intelecto.
Aún más obtuso analizar.
Sin mi lengua hablar palabra
He aquí ya Tú la sabes.
Ni siquiera pensamientos
O intención te son ocultos.

Yo, yo soy el que borro tus rebeliones por amor de mí mismo, y no me acordaré de tus pecados. (Isaías 43:25)

En gran manera me gozaré en Jehová, mi alma se alegrará en mi Dios; porque me vistió con vestiduras de salvación, me rodeó de manto de justicia, como a novio me atavió, y como a novia adornada con sus joyas. (Isaías 61:10)

Preciosísima Salvación

Endeble optimismo; falsa contentura.
Ni poco ni mucho por mí yo hacer podía.
Tampoco otros, aunque así lo quisieran.
Norte pesimista; más repugnante el sur.
Alma en agonía; abierta indisciplina.
El rostro sonreído; corazón afligido.
Espíritu oprimido; golpeado, molido.

Sin estarlo esperando, la bruma se movió.
Ante Tu gran presencia, despavorida huyó.
Tu unción consumió el yugo del status quo.
La luz me dio su brillo; lo obscuro se rindió.
Por fin te conocí. Llegaste a rescatarme.
Pidiéndote perdón, te di mi corazón.
Ayúdame a guardar tan grande Salvación.

*De cierto, de cierto os digo, que si el grano de trigo no cae en la tierra y muere, queda solo; pero si muere, lleva mucho fruto. (**Juan 12:24**)*

*Y yo, si fuere levantado de la tierra, a todos traeré a mí mismo. (**Juan 12:32**)*

Supuesta Contradicción

Parece no hacer sentido.
Morir para dar cosecha.
Asimismo estableciste,
De tal modo lo enseñaste.
Refugio de la simiente,
Existencia en movimiento;
Constante, perenne ciclo,
Principio constituido.

La vida en una semilla.
Innegable maravilla.
Contradicción aparente
Para quien no te conoce.
Muere el grano; lleva fruto.
A las aves das alpiste.
Tú; alzado de la tierra,
A todos a ti atrajiste.

*Le halló en tierra de desierto, y en yermo de horrible soledad; lo trajo alrededor, lo instruyó, lo guardó como a la niña de su ojo. **(Deuteronomio 32:10)***

*¿Se olvidará la mujer de lo que dio a luz, para dejar de compadecerse del hijo de su vientre? Aunque olvide ella, yo nunca me olvidaré de ti. He aquí que en las palmas de las manos te tengo esculpida; delante de mí están siempre tus muros. **(Isaías 49:15-16)***

Dulce Nombre

Aún cuando mis sollozos
Impiden comunicarme.
Las angustias asfixiantes
No pueden de ti alejarme.
El alivio se abre paso,
Hasta mi espíritu llega.

Con tu gracia me consuelas,
Me levantas y motivas.
Con tu abrazo dices claro,
Soy la niña de tus ojos,
Y en la palma de tu mano
Tienes mi nombre esculpido.

Amor; amor de mi vida.
Intachable caballero.
Incondicional amigo.
Es Jesús; Cordero; El Cristo.
Siendo Dios se hizo hombre.
El más dulce de los nombres.

Bendito sea el Dios y Padre de nuestro Señor Jesucristo, que nos bendijo con toda bendición espiritual en los lugares celestiales en Cristo, según nos escogió en Él antes de la fundación del mundo, para que fuésemos santos y sin mancha delante de Él, en amor habiéndonos predestinado para ser adoptados hijos suyos por medio de Jesucristo, según el puro afecto de su voluntad, para alabanza de la gloria de su gracia, con la cual nos hizo aceptos en el Amado, en quien tenemos redención por su sangre, el perdón de pecados según las riquezas de su gracia, que hizo sobreabundar para con nosotros en toda sabiduría e inteligencia, dándonos a conocer el misterio de su voluntad, según su beneplácito, el cual se había propuesto en sí mismo, de reunir todas las cosas en Cristo, en la dispensación del cumplimiento de los tiempos, así las que están en los cielos, como las que están en la tierra. (Efesios 1:3-10)

En Él asimismo tuvimos herencia, habiendo sido predestinados conforme al propósito del que hace todas las cosas según el designio de su voluntad, a fin de que seamos para alabanza de su gloria, nosotros los que primeramente esperábamos en Cristo. (Efesios 1:11-12)

Designio Que Me Diste

Instantánea transición
Me separa del entorno.
Entre llanto, risa, gozo,
Lo finito ya no rige.
Cual destello parpadeante,
Me transportas sin moverme.
Diminuto el universo;
En descanso lo atravieso.
Y mi espíritu te sigue.
Le confío; voy sin miedo.
Inefable lo que siento.
Sobrevuelo al tercer cielo.

¡Adorarte, Oh, Señor mío!
¡Si explicarlo yo pudiera!
Tal es el contentamiento;
Me esforzaré a expresarlo.
Darte gloria, Oh, mi Dios,
Me transforma en no materia.
Del espacio me desliga;
De limitación; de tiempo.
En celaje me convierte.
De lo entendido me muda
A la realidad oriunda;
Al designio que me diste.

Jesucristo, al adorarte
Tu plenitud me satura.
La esperanza es renovada;
Convicción, vivificada.
Y tu pacto revalidas
Con la gloria coronado.
Cuando te ofrendo alabanza
Es como a casa llegar,
Después del viaje más largo.
Al refugio; mi habitación.
Al sitio excelentísimo.
A Tu lugar santísimo.

En el principio era el Verbo, y el Verbo era con Dios, y el Verbo era Dios. Este era en el principio con Dios. Todas las cosas por Él fueron hechas, y sin Él nada de lo que ha sido hecho, fue hecho. (Juan 1:1-3)

Y aquel Verbo fue hecho carne, y habitó entre nosotros (y vimos su gloria, gloria como del unigénito del Padre), lleno de gracia y de verdad. (Juan 1:14)

El Verbo del Verbo es Verbo

Acción inagotable,
Razón inescrutable.
Corriente con sentido,
Poder inmensurable.
Verdad; sabiduría,
Unión como ninguna.
Perfecta la armonía,
Adoración e Incienso.
Continua cognición,
El Verbo era con Dios.

Del padre inseparable,
Deidad y gloria muestra.
Eterno; indestructible,
Refleja al Invisible.
Su escudo es sacrificio
Su plan; misericordia.
Efigie de sustancia,
La plenitud habita.
Espíritu, paz y gozo;
El Verbo era Dios.

Al pueblo suyo vino.
No fue reconocido.
Mas los que le creyeron
Vinieron a ser hijos.
Con luz conciliadora
Heredada del Padre,
Hoy cubre con su gracia
Los que en condena estaban.
Para darle a conocer,
El Verbo fue hecho carne.

*La misericordia y la verdad se encontraron; La justicia y la paz se besaron. La verdad brotará de la tierra, Y la justicia mirará desde los cielos. Jehová dará también el bien, Y nuestra tierra dará su fruto. La justicia irá delante de él, Y sus pasos nos pondrá por camino. **(Salmo 85:10-13)***

*Pero el hombre natural no percibe las cosas que son del Espíritu de Dios, porque para él son locura, y no las puede entender, porque se han de discernir espiritualmente. **(1ra Corintios 2:14)***

Se Encontraron y Se Besaron

Irrazonables preguntas.
Si con lógica se formulan...
¿Quién es Él? ¿De Dónde vino? ¿Cómo es?
Si en la ciencia se buscan respuestas...
Si de genios se espera explicación...
Sin sentido para siempre quedarían.
Pero si en el espíritu...
Si con el alma disciernes...
Claro lo verás y comprenderás.
La misericordia y la verdad se encontraron.
La justicia y la paz se besaron.
Entonces, Él vino.
La justicia delante de Él;
Y sus pasos puso por camino.
Su nombre es Admirable;
Salvador de la humanidad.
Del padre vino; a Él volvió.
Y por los que hemos honrado Su Nombre,
Pronto regresará.
Él es perfecto; Santo.
Él es el Amén de Dios.

Nota de la Autora

El Verbo Hecho Poema...

Es un sueño hecho materia.

El Señor Jesucristo me regaló la inspiración para escribir material literario con el objetivo de publicarlo. En mi espíritu, recuerdo vívidamente el mismo momento en que el Señor activó este don en mí. Entre sorpresa, confusión e inseguridad (por no decir incredulidad), abracé el regalo y comencé a soñar. Soñando y creyéndole. Prefería soñar que atender la realidad. Ésta me dictaba otra cosa; me desalentaba; me limitaba. Tan así, que aun habiendo recibido confirmación del Señor y contar con su total respaldo, en ocasiones le di espacio a la duda.

Me frustraba el que a otros no parecía interesarle mi sueño, mucho menos hacerse partícipes. Mi entusiasmo y convicción no le fueron contagiosos. Tal vez no lo creían posible. Tal vez fueron otras las razones. Lo que sí, se negaron a soñar conmigo. Me entristecía su indiferencia y me impactó profundamente. Hasta que el Señor en su misericordia, me habló y me dijo: *"Es un sueño que te di a ti. Para que tú lo sueñes y lo trabajes. Es un sueño que yo voy a realizar en ti. Sé paciente. Para cada sueño que doy, también proveo un José, y permito que intervengan obstáculos, conflictos, cisternas vacías en el desierto, potifares, amigos falsos, envidia, rechazo, persecución; desprecio. Como a oro te purificaré y en el proceso continuarás fortaleciendo la dependencia que tienes de mí, sin importar lo que vean tus ojos".*

Una vez asimilé esa palabra todo fue diferente. Cuando se asomaba la ansiedad; yo soñaba. Y si volvía a aparecer; soñaba más. Y si insistía, la reprendía y recordaba que el sueño antes de ser mío, era de

Dios. Entendí que estaba equivocada cuando pensaba que soñaba sola. Dios, el autor de mi sueño, soñaba conmigo; animándome a seguir confiando en Él, mientras, magistralmente, continúa su obra en mí.

Esperar en el Señor siempre conlleva unos procesos. Por supuesto que Dios puede hacerlo todo instantáneamente. Pero sabemos que Él no instruye a sus hijos de esa manera. En su perfecto amor, Él nos lleva de la mano, si se lo permitimos, hasta que alcancemos la estatura que diseñó para cada uno de nosotros, y con la cual llegaremos a la morada eterna.

Créele al Señor la palabra que te dio, aun cuando las circunstancias te inviten a claudicar. ¿Habló Él y no ejecutará? Créele y confía que tu sueño muy pronto dejará de serlo para convertirse en la realidad con la que bendecirá tu vida y la de otros. Recuerda, nuestro Dios no tiene límite. El no está sujeto a lógica humana. La nada es su materia prima, y es Él quien único multiplica por cero y genera resultado positivo. Jesucristo es el Señor y toda potestad a Él le fue dada en el cielo y en la tierra.

¡Que el Señor siga bendiciendo nuestras vidas y que la fe no nos falte!

Agradecimientos

Al Padre, al Hijo, y al Espíritu Santo

Mi Torre Fuerte, mi Roca, mi Escudo, mi Escondedero; mi Grande Amor. Sin palabras me quedo para agradecerte la salvación que me has regalado y la misericordia con la que bendices mi vida día tras día. ¡Ayúdame a continuar caminando por tu senda angosta!

A mi hijo Derwin e hija Jailene; sobrinas y sobrinos (Todos), y Dolce

Son ustedes mi motivación. Nunca se aparten de los caminos del Señor Jesucristo. Reconózcanle en todo y su vida será siempre bendecida.

A mis hermanas Aida, Lilia (y su esposo Wilfredo); mi hermano Julio (y su esposa Migdalia)

Somos testimonio vivo de las bondades inmerecidas de Jesucristo. ¡Hasta aquí nos ayudó Jehová! Y viva la esperanza del maravilloso milagro que hizo con mamá.

A mis Pastores Ronald y Carolina Cárdenas y la Congregación Senda de Justicia

Mi profundo agradecimiento por su guianza, apoyo y ejemplo. Síganse dejando usar por el Señor. Su ministerio (mi iglesia casa) es un oasis en medio del desierto. Gracias, hermano(a)s de la congregación por ayudarme a crecer, especialmente usted, hermana Leonor Salgado.

A mis Pastores Miguel e Isidra Rivera y la Congregación Columna y Baluarte de la Verdad

Son ustedes lo más cercano que he conocido a ángeles guerreros y ministradores al servicio de los hijos de Dios. Que nuestro Señor continúe haciéndoles cántaro de su sabiduría y ciencia. Gracias, hermano(a)s de la congregación por prestarme a los pastores cuando más los he necesitado.

Actualmente, Yeyi Core está escribiendo *El Verbo Hecho Poema—Volumen II* y revisando el manuscrito de su primera novela ficción realista en inglés. Yeyi reside en Washington, D.C.

El Verbo Hecho Poema

Volumen I

Yeyi Core

www.yeyicore.com